LE GARDIEN DES ÂMES

Le gardien des âmes

ALDIVAN TORRES

aldivan teixeira torres

CONTENTS

1- 1

1

Le gardien des âmes
Aldivan Teixeira Torres
Le gardien des âmes
Auteur : Aldivan Teixeira Torres
© 2018-Aldivan Teixeira Torres
Tous les droits sont réservés

Ce livre électronique, y compris toutes ses parties, est protégé par le droit d'auteur et ne peut être reproduit sans l'autorisation de l'auteur, revendu ou téléchargé.

Aldivan Teixeira Torres est un écrivain consolidé dans plusieurs genres. À ce jour, ses titres sont publiés en neuf langues. Dès son plus jeune âge, il a toujours été un amoureux de l'art de l'écriture ayant consolidé une carrière professionnelle à partir du second semestre 2013. Il espère avec ses écrits contribuer à la culture brésilienne, éveillant le plaisir de lire chez ceux qui le font. Pas encore l'habitude. Votre mission est de gagner le cœur de chacun de vos lecteurs. Outre la littérature, ses principaux goûts sont la musique, les voyages, les amis, la famille et le plaisir de vivre. « Pour la littérature, l'égalité, la fraternité, la justice, la dignité et l'honneur de l'être humain toujours » est sa devise.

« *Marie est cette tour de David, dont le Saint-Esprit parle dans les chants sacrés :« Des forteresses s'élèvent autour d'elle ;*

il y a mille boucliers et toutes les armes du vaillant » (CT 4, 4). Vous êtes donc la Sainte Vierge - comme le dit saint Ignace Martyr - « un bouclier imprenable pour ceux qui sont engagés dans le combat » ».

(Saint-Alphonse Maria de Ligório)

Livre des apparitions de la Vierge Mère de Dieu Notre-Dame du Pilier

Saragosse-Espagne-AD 40

Quarante ans après la mort du Christ, le mouvement chrétien a été cruellement persécuté par les élites juives et de nombreux chrétiens ont été battus, emprisonnés et même tués. Comme alternative à cette résistance, ils ont envoyé des missionnaires dans d'autres régions pour étendre la diffusion de la parole divine.

Saint Jacques le Majeur a été chargé de prêcher en Espagne, un pays situé dans le sud de l'Europe. Avant de partir, cependant, il fit une consultation avec la Vierge Marie, considérée comme la mère des apôtres. Les deux étaient très liés à cause de la foi et du cœur et ne pouvaient pas se séparer sans un adieu formel.

Le jour et l'heure réunis, exactement à Éphèse, dans la maison de la très sainte mère, eut lieu la rencontre tant attendue.

« Je suis venu dire au revoir et demander votre conseil, ma mère », a déclaré saint Jacques en approchant de la Vierge Mère.

« Mon cœur se réjouit de votre visite, bon fils. Voici, vous devez garder votre foi, être préparé face aux difficultés, prêcher la parole avec énergie, force et esprit parmi les païens. Je veux que vous sachiez ma pleine confiance en leur capacité », répondit Mary.

« Je vous remercie pour les mots, béni ! Quel signal me donnez-vous à propos de mon départ en Espagne ? « James a demandé.

« Au bon moment, vous verrez. Mon souhait maintenant est que vous construisiez une Église en mon nom en Espagne - Interrogé éclairé.

« Votre demande sera accordée. Maintenant, laissez-moi partir, car le voyage est long », a déclaré James.

« Allez dans la paix du Christ, fils », a souhaité Marie.

« Sois aussi en paix, ma mère », dit James.

James a commencé le long voyage vers l'Europe. En arrivant dans la terre promise, il était infatigable dans son travail apostolique. A Saragosse, par une nuit froide, il rencontrait ses disciples quand il fut surpris par des voix qui criaient : « Je vous salue Marie, pleine de grâce ! Plus tard, il s'agenouilla devant l'apparition qu'il vit : Une multitude d'anges entoura la très sainte Mère qui était assise sur un pilier de marbre.

Le groupe a récité un métier puissant, passionnant les personnes présentes qui ont aidé à l'exécution. À la fin de cet événement, la mère de Jésus a contacté :

« Voici, mon fils, le lieu marqué et destiné à mon honneur, dans lequel, par vos soins et en ma mémoire, je veux qu'une Église soit construite. Gardez cette colonne là où je suis assis parce que mon fils et ton maître l'ont envoyé du ciel par la main des anges. À côté de lui tu poseras l'autel de la chapelle, et en elle travaillera la vertu des plus hauts présages et merveilles de mon intercession avec ceux qui, dans leurs besoins, implorent mon patronage, et ce pilier restera ici jusqu'à la fin. Du monde, et ne manquera jamais dans cette ville de vrais chrétiens qui honorent le nom de Jésus-Christ, mon fils.

« Qu'il en soit ainsi, ma mère - Prométhée James.

Les anges ont arraché la Dame du Ciel, la laissant de nouveau dans sa résidence. Comme ordonné, la chapelle dédiée aux éclairés a commencé à être construite avec les disciples de Saint-Jacques comme conseillers, car elle se dirigeait vers Jérusalem. En chemin, il rendit une autre visite à la sainte vierge, sa meilleure amie. Alors qu'elle lui faisait face, les deux se sont étreints et à la fin de cette action ont commencé à parler.

« Comment vas-tu, ma mère ? « James a demandé.

« Mieux vaut maintenant avec ta présence, fils du cœur. Quelles bonnes nouvelles apportez-vous d'Espagne ?

« Les choses se sont calmées là-bas. À votre demande, votre église est en construction - St. James informa.

« Je suis ravi de cette nouvelle. Dieu notre Seigneur est satisfait de votre travail, mon fils. Ce n'est pas encore fini. J'ai eu une mauvaise opinion de vous. Je prie pour votre meilleur », ai-je dit avec tristesse, Mary.

« Exactement comment étaient ces visions ? « Je voulais connaître le curieux apôtre de Jésus.

« J'ai vu sa mort venir. Demandons la force de notre bon Dieu et acceptons l'inévitable - Marie a prophétisé.

"Je suis prêt ! Cela ne me dérange pas de mourir pour mon Seigneur. Que vaut la vie sans Jésus ? Je me réponds : rien ! « James a répondu.

« J'ai de l'admiration pour votre courage. Premièrement, je veux que vous sachiez mon amour pour vous en tant que fils spirituel - le saint révélé.

« Je ressens la même chose que vous étiez ma vraie mère. La mort n'a pas le pouvoir de nous séparer et encore moins de détruire notre amour - James a été déclaré.

En voiture, ils s'étreignirent et s'embrassèrent à nouveau. À ce moment critique de décision, ils s'étaient ouverts les uns les autres comme ils ne l'avaient jamais fait auparavant. C'est comme ils l'ont dit. Il n'y avait rien qui puisse détruire leur amour fraternel.

Enfin, disant au revoir, James a continué son voyage à Jérusalem où il a finalement été tué par ses adversaires. Il a rejoint les innombrables martyrs faits par le christianisme à cause de la persécution religieuse.

Miracle de Notre-Dame du pilier

C'était en 1637. Miguel Juan Pellicer était un jeune paysan espagnol qui travaillait sur le site de son oncle dans la région de Castellón. Lorsqu'il est allé travailler, il a été frappé par un délit de fuite, ce qui a entraîné la facturation de son tibia. Dès qu'il a été retrouvé par son oncle allongé au sol, il a été conduit à l'hôpital de la ville de Valence où il disposait d'une salle d'urgence.

Sa situation était grave et comme à l'époque, il disposait de peu de moyens médicaux, il a été envoyé à Saragosse. À l'époque, sa jambe droite était déjà gangrenée et la seule solution était de l'amputer. Cela a duré plusieurs mois et il est resté à l'hôpital en traitement. Lorsqu'il a été libéré, il a commencé à vivre dans la rue de la ville de Saragosse. Quotidiennement, il participait à des messes et devenait pieux de Notre-Dame.

Deux ans plus tard, il a décidé de rentrer à la maison. Sa famille s'est réjouie de vous voir. Cependant, comme je n'avais pas de jambe, je ne pouvais pas les aider au travail qui en quelque sorte attristait ce jeune homme si plein de vie.

Une nuit, ils ont accueilli un soldat de cavalerie qui traversait la zone. Ils lui ont offert le dîner et le logement parce que la nuit était déjà tôt. Le visiteur était à l'aise dans la chambre de Miguel et le garçon a été transféré dans la chambre de ses parents.

Le matin, quand ils se sont réveillés, ils ont senti une forte odeur de roses dans la pièce et en détournant les yeux vers leur fils, ils ont remarqué quelque chose de complètement nouveau en lui : deux pieds étaient visibles au bout de son corps. Tout le monde a crié de surprise et en le réveillant, il a vibré de joie. Il avait été instantanément guéri par l'intercession de Notre-Dame dont il était pieux. La nouvelle s'est répandue dans toute la région et s'est avérée être un véritable miracle.

Notre Dame des Neiges

Rome - Année 352 de notre ère

À cette époque, un couple de soins divins qui réussissait et leurs commandements respectifs vivaient à Rome. Pour des raisons d'infertilité, ils ne pouvaient pas avoir d'enfants et n'avaient personne pour quitter leur grande fortune a décidé de la donner à l'Église en consécration à la Sainte Vierge.

C'est en pensant à ce projet qu'une nuit il a fait un rêve où Notre-Dame lui a transmis le message suivant :

— Construire une basilique sur la colline le matin ou demain tombera la neige.

C'était le mois d'août, généralement dans la région, il faisait assez chaud. Par le travail miracle de la Vierge Marie, il a neigé en recouvrant complètement le mont Esquilino de neige. La nouvelle s'est rapidement répandue dans le monde entier avec la présence frappante d'élites chrétiennes visitant le site. Selon le souhait de la Vierge, l'église a été construite en lui donnant le nom de « Notre-Dame des Neiges » en raison du phénomène climatique intrigant qui s'y est produit.

Notre-Dame de Walshingham

Angleterre- AD 1061

Considéré comme le sanctuaire national anglais de vénération à Notre-Dame, Walshingham présente une belle histoire parmi les nombreuses personnes liées à la mère de Dieu. Pouvons-nous vérifier ?

Marie très sainte est apparue en rêve à Richeldis de Faverches, le conduisant spirituellement dans sa maison de Nazareth. À l'époque, il a fortement demandé la construction d'une maison similaire à Walsingham. Après avoir répété ce rêve trois fois, le dévot de la vierge a finalement mis en place la demande.

Avec des difficultés à achever les travaux en raison des mesures, il recourut affliger au saint. Miraculeusement, un sanctuaire est apparu près de l'endroit. Puis ont commencé les messes, les réunions apostoliques et les groupes de prière qui s'y sont rassemblés. Dans ces moments, d'innombrables guérisons, merveilles et délivrances sont rapportées.

La nouvelle de tous ces faits fut le tour du pays, amenant sur place de nombreux pèlerins. Des chapelles ont été érigées en direction du sanctuaire et il en reste actuellement deux : la chapelle Notre-Dame de la Colline Rouge et la « Chapelle des pantoufles ».

Dans l'histoire racontée, il fut un temps où cette vénération a été persécutée qui a abouti à la destruction de l'image de Marie. Trois siècles plus tard, cette ancienne tradition refait surface avec l'émergence de divers groupes soutenant la dévotion. En conséquence, ils ont refait l'image en plus de reconstruire et d'agrandir ce qui restait du temple.

Grâce à Walshingam, le nom de notre dame est magnifié en Angleterre et en récompense notre mère bien-aimée prend soin de ses fidèles anglais avec une douceur insondable. Quiconque utilise votre nom n'est pas pour scier.

Notre-Dame du Rosaire

Prouille, France (1208)

C'était un dimanche. Comme d'habitude, le prédicateur Domingos de Gusmão, combattant avant les hérésies, était à genoux en train de prier dans la chapelle de Prouille. Dans le moment le plus fervent de la prière, voici, un nuage descend dans son temple laissant une belle femme aux visages roses et brillants. **Elle lui dit :**

"Je suis Mary. Je viens vous donner le chapelet, la clé de la paix et du salut humain. De plus, je suis heureux que vous le priez tous les jours en l'honneur de mon nom. Faites cela, et je vous promets la chute des ennemis et des hérésies. Transmettez ceci aux autres frères.

Étendant les mains, il tendit la pièce et sourit. En réponse, le dévot a assuré :

« Je ferai ce que j'ai en mon pouvoir ! Votre souhait sera exaucé."

La femme retourna dans la nuée et fut élevée au plus haut des cieux, disparaissant de la vue de son serviteur. Domingos de Gusmão a poursuivi son travail aboutissant à l'élimination des hérésies. Une fois de plus, le cœur de Marie a triomphé !

Notre-Dame du Mont Carmel

Aylesford, Angleterre (1251)

Les Maures ont entrepris une forte persécution des chrétiens. Dans ce contexte, les carmélites résidant sur le mont Carmel ont été massacrés par leurs ennemis. Ceux qui réussirent à se sauver se réfugièrent en Angleterre vers 1238 après JC.

L'endroit choisi pour fonder le monastère était Aylesford, une région d'une grande beauté naturelle. Une fois de plus, ils ont fait face à une résistance à leur mode de vie et à leurs croyances. Avec cela, la seule option qui leur restait pour survivre était la prière. C'était exactement le chemin qui suivait le prieur général des carmélites connu sous le nom de St. Simon Stock.

La tradition veut que, lors d'une nuit de prières intenses, il recoure à la protection de la Vierge Mère contre les tribulations. L'un de ces appels était ce célèbre chant :

« Splendeur du ciel. Vierge Mère incomparable.
Douce Mère, mais toujours Vierge,
Soyez propice aux carmélites, ô étoile de la mer.

Au moment où cette prière a été prononcée, la vierge est apparue entourée d'anges. Il tendit la main et lui tendit le scapulaire en disant :

« Recevez mon fils bien-aimé, ce scapulaire de votre Ordre, signe de mon amour, privilège pour vous et pour toutes les carmélites : quiconque mourra avec lui ne sera pas perdu. Voici un signe de mon alliance, salut en danger, alliance de paix et d'amour éternel.

« Merci, chère mère. Je promets de répandre ce symbole parmi les frères carmélites et par conséquent dans le monde entier. De cette manière, son nom sera encore plus glorifié parmi les pécheurs, a déclaré Simon Stock.

« Que vos paroles se réalisent ! Soyez simplement en paix !
« La Vierge Mère a souhaité.

Cela dit, il est monté avec les anges vers le ciel béni. Dès l'apparition du saint, les carmélites n'étaient plus persécutées avec tous les chrétiens cherchant à répandre l'usage du scapulaire. C'était encore un autre prodige de la mère de Jésus.

Notre-Dame du Mont Bérico

Vicence-Italie-1426

Dans la période 1404-1428, la ville de Vicence a souffert de l'une des plus grandes crises sanitaires de tous les temps. Beaucoup essayant d'échapper à la peste ont laissé derrière eux tout un patrimoine et une histoire culturelle. C'est dans cet environnement d'incertitude que la main de Dieu a agi fermement.

À cette époque, une dame nommée Vincenza Pasini vivait dans la ville. Chaque jour, elle escaladait le mont Bérico en emportant la nourriture de son mari dont le travail était de s'occuper d'un vignoble. À l'une de ces occasions, lorsqu'elle atteignit le sommet de la colline, une femme paraissait resplendissante devant elle vêtue d'une robe de gala comme si elle était une reine. Effrayé, le chrétien dévoué est tombé à terre face à tant de splendeur. La belle dame s'est approchée, a ouvert un sourire et l'a calmée l'a aidée à se relever.

« Je suis la Vierge Marie, la Mère du Christ qui est morte sur la croix pour le salut des hommes. Je vous demande d'aller voir les gens de Vicence en mon nom pour construire une église en mon honneur dans cet endroit, si vous voulez retrouver la santé ; sinon, la peste ne cessera pas.

Le serviteur était statique et heureux face à la promesse. Pendant longtemps, la population a crié miséricorde à Dieu, et finalement, elle était passée par sa mère. Cependant, il se demandait encore comment procéder.

« Mais les gens ne me croiront pas. Où, Ô glorieuse Mère, pouvons-nous trouver de l'argent pour faire ces choses ?

« Vous insisterez pour que ce peuple fasse ma volonté, sinon il ne sera jamais délivré de la peste ; et tant qu'il n'obéira pas, il verra mon fils en colère contre lui. Pour prouver ce que je dis, laissez-les creuser ici, et du rocher massif et stérile versera de l'eau ; et une fois la construction commencée, l'argent ne manquera pas.

« À quoi devons-nous nous attendre avec la construction du sanctuaire ?

« Tous ceux qui visitent cette église avec dévotion lors de mes fêtes et chaque premier dimanche du mois auront comme cadeau l'abondance des grâces et de la miséricorde de Dieu et la bénédiction de ma propre main maternelle.

« Je suis content de votre soutien. Je ferai ce que vous me demandez.

« Bien, je suis désolé. Je dois partir maintenant ! Soit en paix !

"Ainsi soit-il !

La mère vierge soupira et s'éleva progressivement au-dessus de la montagne. En quelques instants, c'est complètement parti. Seule, le médium est allé s'occuper de ses obligations quotidiennes. Dès que vous le pouvez, vous diffusez le message de Notre-Dame, cependant, vos compatriotes n'ont pas fait valoir la demande. Ils se préoccupaient plus d'eux-mêmes que de penser à la relation avec Dieu. Ainsi, la crise sanitaire s'est poursuivie.

Deux ans plus tard, la mère de Dieu réapparut dans les mêmes circonstances en répétant le même message. Se conformant aux recommandations, la servante de Dieu a transmis le communiqué et cette fois, elle a été entendue. Peu de temps après le début de la construction, il y a eu une amélioration partielle de l'état de santé de la ville et avec l'achèvement des travaux, il y a eu une amélioration complète. Cela démontre la providence divine pour vos enfants. Que le nom de Mary soit de plus en plus remercié pour ce grand prodige en Italie.

Notre-Dame du Caravage

Italie-1432

Le Caravage est une municipalité italienne située à la frontière entre les États de Milan et de Venise. Cette période a été marquée par des conflits politiques et religieux, des troubles, la persécution des hérétiques et du crime grave. De plus, il a connu le tumulte de la guerre entre deux États : la République de Venise et le duché de Milan.

Dans ce contexte catastrophique, l'apparition de la vierge Mère de Dieu a eu lieu. C'était dans un pré appelé Mezzolengo à une paysanne souffrante nommée Joaneta Varoli. Elle était dans un moment de prière lorsqu'elle a vu une femme s'approcher de l'apparence d'une reine. Alors qu'elle se rapprochait, elle a dit :

« Je suis la mère de toute l'humanité. J'ai réussi à garder du peuple chrétien les châtiments bien mérités de la justice divine, et je viens proclamer la paix.

« Que devons-nous faire pour nous garder sous sa grâce ? Vous avez demandé à Joaneta.

« Revenez à la pénitence, jeûnez le vendredi, priez dans l'Église le samedi après-midi en remerciement pour la délivrance du châtiment set construisez une chapelle en l'honneur de mon nom dans ce lieu - a demandé l'Immaculée.

« Quel signe donnez-vous à votre peuple pour qu'il croie en ses paroles ? « Il a demandé au serviteur.

"Celui-ci ! « Dit Notre-Dame.

Au même moment, une source d'eau claire jaillit des pieds de la Vierge.

« Quiconque boit de cette eau atteindra la paix et la guérison de ses infirmités », Prométhée la mère divine.

« La Madone, je voudrais vous demander une chose : par votre intercession avec notre bon Dieu, ne pourriez-vous pas mettre fin à cette guerre dans notre pays et sauver la bonne convivialité dans l'Église ? -Il a hoché la tête avec espoir au dévot.

« Chaque jour, je prie pour cela, mon enfant. Pour cette tâche, j'ai besoin de votre coopération. Je veux que vous alliez contre les dirigeants en mon nom cherchant à sceller l'accord de paix. Avec la foi en notre Dieu, nous réussirons. Est-ce que je peux compter sur toi ? Elle a demandé à la miraculeuse Mary.

« Certainement, ma mère. J'accomplirai cette tâche avec plaisir - L'humble petit a assuré.

"Je suis contente. Maintenant, je dois aller faire mes obligations au paradis. Soyez simplement en paix ! « Mary a souhaité.

"Ainsi soit-il !

Joaneta a déménagé du champ à sa maison en pensant à tout ce qui avait été dit par Notre-Dame. Il ne fallut pas longtemps avant de mettre en pratique le plan de la reine en visitant les côtés dissidents de la guerre et les opposés de l'Église. En signe de l'apparition de la Vierge, il présentait l'eau sacrée. Avec cela, de nombreux miracles ont été rapportés. Au fil du temps, il a réussi à rétablir la paix en Italie et dans l'Église.

Notre-Dame du Paradis

Paradise Valley-Portugal-1480

Un jour, un berger qui menait régulièrement ses troupeaux dans la région a trouvé une minuscule image de Marie près du tronc. L'image reflétait une lumière claire et sacrée qui lui faisait un peu peur. En essayant de se rapprocher de l'image, il ne pouvait pas parce que la lumière était assez intense.

Il est ensuite allé dire au curé de sa ville ce qui s'était passé. Avec lui, ils sont descendus à la recherche de l'image. Cette fois, ils ont réussi à apporter l'objet sacré à l'Église locale. Lorsque cela s'est produit, cela faisait encore partie de l'après-midi avec la fermeture du temple.

La nuit, en ouvrant les portes du bâtiment, ils ont trouvé la place laissée par l'image vide. Quand ils sont allés chercher, ils ont trouvé l'image au même endroit qu'avant. Pour la deuxième fois, ils ont ramené l'image au sanctuaire. Cependant, cette stratégie n'a pas aidé, car à nouveau l'image a disparu. Ils ont essayé de prendre l'image pour la troisième fois avec le même phénomène. C'est à ce moment-là qu'ils se sont rendu compte qu'il s'agissait de l'emplacement de l'image près du coffre.

Ils ont construit un ermitage en l'honneur du saint sur le site. Depuis lors, de nombreux miracles ont été rapportés par l'intercession de Marie. Notre-Dame du Paradis s'est fait connaître au Portugal et dans le monde.

Notre-Dame de Guadeloupe

Mexique-1531

La découverte des Amériques a conduit à la fois à une course financière et à une race religieuse visant à convertir les autochtones. Juan Diego était l'un de ces derniers ayant une dévotion particulière à Notre-Dame. Une des fois où il a marché sur la colline de Tepayac, il a rencontré une belle femme entourée d'une lumière très intense. Elle a initié le contact :

« Juanito, le plus petit de mes enfants, apprend que je suis Marie, toujours Vierge, mère du vrai Dieu qui donne la vie et maintient l'existence. Il a créé toutes choses. Il est partout. De plus, il est le Seigneur du Ciel et de la Terre. Je souhaite qu'un temple soit construit pour moi dans cet endroit, où votre peuple peut faire l'expérience de ma compassion, de mon aide et de ma protection. Tous ceux qui demandent sincèrement mon aide dans leurs tribulations et leurs douleurs connaîtront mon Cœur Maternel en ce lieu. Ici, je vais voir vos larmes; Je les réconforterai et ils trouveront la paix. Alors, courez maintenant vers Tenochtitlan et dites à l'évêque tout ce que vous avez vu et entendu ici.

« Je ferai ce que vous me demandez! « Prométhée Juan.

« Je suis content de vos paroles. Avec ma bénédiction, je dis au revoir pour le moment - Notre mère a parlé.

Immédiatement, le jeune indigène est allé s'occuper de l'accomplissement de la demande. En ce moment, il avait encore peur de la façon dont il transmettrait ce message important et s'il en serait digne. Il n'y avait que la certitude qu'il ferait de son mieux pour la mission. En arrivant au palais le matin, il a programmé un entretien avec l'évêque local.

La matinée était finie et seulement en fin d'après-midi a été reçue par l'autorité. Les deux se sont rencontrés dans le bureau privé du palais, un site bien décoré avec beaucoup de couleurs, de peintures et de sculptures religieuses. Face à un climat de méfiance, l'humble serviteur a pris la parole :

« Seigneur évêque, je viens vous parler au nom de Notre-Dame. Elle souhaite la construction d'un temple sur la colline de Tepayac.

« Pour Notre-Dame ? Comment est-ce arrivé ? -A demandé curieusement l'évêque.

"Elle m'est apparue elle-même sur la colline en me transmettant ces mots", a déclaré l'Indien aztèque.

L'évêque fit une grimace de rire. Les apparences ? À un païen ? Dans sa mentalité, si une personne avait été choisie au Mexique pour recevoir cette vision, cette personne serait elle et non n'importe quel Indien. C'est pourquoi il n'a pas accordé de crédit à ses paroles. Cependant, afin de ne pas décevoir sa foi, il a promis :

« Je vais considérer la demande de Notre-Dame. Si vous le souhaitez, vous pouvez me rendre visite à un autre moment.

"Très bien," répondit Juan.

En quittant le palais, le petit serviteur se dirigea vers la colline où il rencontra à nouveau l'étrange dame. Il était déterminé.

S'il vous plaît, Mary, choisissez quelqu'un d'autre pour cette mission. L'évêque n'écoutera jamais un pauvre Indien.

« Écoute, mon fils, le très cher : sache dans ton cœur qu'il n'y a pas quelques-uns de mes serviteurs et messagers, à qui je peux confier le fardeau de prendre ma pensée et ma parole pour qu'ils accomplissent ma volonté. Mais il faut absolument que vous alliez en parler vous-même, et cela précisément avec votre médiation et aider mon désir et ma volonté à se réaliser.

« Comment puis-je le faire alors ?

« Allez parler à l'évêque demain et réitérez la demande.

"C'est d'accord. Je promets que je le ferai.

L'autre jour, comme convenu, il est de nouveau arrivé au palais. Comme la première fois, il a dû attendre des heures avant d'être soigné dans la même pièce qu'avant.

« Toi encore ici ? Que veux-tu ? Demanda l'évêque.

« Je viens insister sur la demande de Notre-Dame. Quand allez-vous commencer à le remplir ? « Demanda Juan.

« Comment veux-tu que je te croie ? Quelle preuve ai-je que vous êtes vraiment son envoyé ? « L'évêque a répondu.

« N'êtes-vous pas ceux qui parlent autant de foi ? Pourquoi ne pas postuler dans ce cas ? « Vous avez pressé Juan.

"Pas du tout. Ce sont des choses totalement différentes. Allez et ne revenez pas tant que vous n'avez pas la preuve de ce que vous dites. Est-ce correct ? « Il a lancé un ultimatum à l'évêque.

"Faire quoi ? Je n'ai pas d'autre choix que d'accepter la condition - reflétait l'Indien.

« Eh bien, je ne vais pas le faire. Bonne chance ! « L'évêque a conclu.

Juan quitta le palais pour regagner sa résidence. Là, il a trouvé son oncle assez malade. Pendant deux jours, il a fait tout ce qui était en son pouvoir pour améliorer son oncle. Cependant, rien n'a eu d'effet, et cela n'a fait qu'empirer. Le malade étant trompé, le premier alla chercher un prêtre pour lui donner l'onction extrême.

Agité, il allait devoir traverser la colline de Tepayac. Mais comme il était trop occupé, il évita l'endroit où il trouva la sainte vierge pour ne pas être interrompu par elle. C'est comme ça que ça a été fait. Même ainsi, vous aviez prévu de changer votre itinéraire. De cette façon, l'inévitable rencontre a eu lieu.

« Où vas-tu, Juan, si pressé ? « Demanda la belle femme.

« Je vais trouver un prêtre. Je veux que mon oncle reçoive l'onction extrême parce qu'il est très malade, a dit l'homme autochtone.

« Écoutez et gardez dans votre cœur, mon fils, le très cher : ce n'est rien qui vous effraie et vous assassine ; ne dérangez pas, n'avons-nous pas cette maladie, ni aucune autre souffrance ou quelque chose de pénible. Ne suis-je pas ta mère ? N'êtes-vous pas sous mon ombre et ma protection ? Ne suis-je pas votre source de vie ? N'êtes-vous pas dans le pli de ma robe, juste là où je croise les bras ? Que rien ne vous trouble ou ne vous cause de l'amertume. Que la maladie de votre oncle ne vous afflige pas. Il ne mourra pas de cette maladie. Croyez en votre cœur qu'il est déjà guéri - Notre mère a assuré.

"Je crois ! Quant à ce que vous m'avez demandé, ma mère, l'évêque vous demande une preuve. Qu'est-ce que je suis supposé faire ? « Demanda Juan.

« Montez, mon fils, le plus cher, en haut de la colline, et là où vous m'avez vu et où j'ai donné trois ordres, là même vous verrez plusieurs fleurs épanouies ; Coupez-les, rassemblez-les, rassemblez-les dans votre peignoir et descendez ici, apportez-les-moi - a demandé Mary.

« Immédiatement, ma mère.

Cela dit, Juan a escaladé la colline où il a cueilli les fleurs. Descendant avec Marie, il lui montra les fleurs et elle les réarrangea dans sa robe en disant :

« *Mon fils, le très cher, ces fleurs en sont la preuve, le signe que tu apporteras à l'évêque. Vous lui direz de voir ce que je veux en eux et de faire ma volonté. Tu es mon ambassadeur, je te fais confiance. Je vous ordonne fortement d'ouvrir votre couverture uniquement en présence de l'évêque et de découvrir ce que vous emportez. Vous lui direz tout, lui direz comment je vous ai dit de monter au sommet de la colline et tout ce que vous avez vu et admiré. Avec cela, vous changerez le cœur de l'évêque, afin qu'il fasse ce qui est en son pouvoir pour élever le temple que je lui ai demandé.*

« Alors sois ma mère ! En moi, il trouve un serviteur fidèle et dévoué. Je vais maintenant accomplir votre volonté », dit Juan.

« Je suis heureux face à votre dévouement. Ma grâce restera toujours avec vous !

« Qu'il en soit ainsi, ma mère !

Au revoir, mon fils !

"Même !

Les deux se sont séparés avec l'Indien sur le point de s'acquitter de leur obligation. Il s'est de nouveau rendu à une réunion avec l'évêque local.

« Je viens à la demande de Notre-Dame. Je l'ai rencontrée à nouveau et m'a demandé de monter la colline. J'ai choisi des fleurs qu'elle a réarrangées dans ma robe. De plus, je vous ai amené pour lui montrer devant vous. C'est exactement le signe que vous avez demandé », confirma Juan.

"Alors montrez-moi ! « L'évêque a demandé.

Ouvrant le manteau, il s'est avéré être une belle image de Notre-Dame. Immédiatement, l'évêque tomba au sol des genoux. C'était un miracle de briser la résistance de son incrédulité une fois pour toutes.

« Bénie soit votre Mère qui vous a envoyé ici. Pour ma part, je m'engage à tout mettre en œuvre pour répondre à votre demande. Je suis désolé, je m'en doutais tellement. « Dit l'évêque.

« Demandez pardon à Notre-Dame ! Une façon de remédier à votre manque de foi est de construire le temple, se souvient Juan.

"Je l'espère ! Merci beaucoup pour votre insistance ! Il a félicité le prêtre.

"Pour rien ! « Dit Juan.

« Puis-je faire une demande ? « L'évêque a demandé.

"Tu peux le faire ! « Dit Juan.

« Emmenez-moi à l'endroit où notre mère est apparue. Je veux aussi respirer cet air de sainteté ! « L'apôtre a supplié.

"Demain. Aujourd'hui, j'ai des obligations à faire. « Il a informé Juan.

"Je comprends que. Ensuite, c'est prévu pour demain - a confirmé l'évêque.

"Oui. Jusqu'à. « Dit le serviteur de Notre-Dame.

"Même. « Le révérend a été congédié.

En partant de là, l'Indien est rentré chez lui. Quand il est arrivé là-bas, il a trouvé son oncle en parfaite santé car il avait parlé au saint. Il était rempli de joie.

« Tu vas bien, mon oncle. Bénie soit Notre-Dame qui vous a guéri.

"Je vais bien. Oh mon Dieu ? Aurait-ce été une dame légère qui vient de me rendre visite ? Elle m'a raconté comment elle vous a parlé et l'a envoyé à Tenochtitlan. Elle a été nommée « Vierge Sainte Marie de Guadalupe ».

« C'est elle-même.

"Sois béni. Cela a transformé nos vies pour toujours.

"Vrai. Votre nom sera magnifié dans tout le pays.

Les deux se sont embrassés en donnant gloire à Dieu. Maintenant que tout allait bien, la demande de Notre-Dame serait exaucée et la paix serait en Amérique. Avec la diffusion de cette nouvelle, de nombreux Aztèques se sont convertis au christianisme.

Notre-Dame de Kazan

(Kazanskaya - Russie) - 1579

C'était en 1579. Kazan, à l'époque, était déjà une ville à prédominance catholique avec plusieurs églises et monastères. Cependant, le groupe s'est heurté à la résistance des païens et des musulmans. Pour aider les chrétiens, la force ci-dessus s'est manifestée avec puissance et gloire dans l'événement décrit ci-dessous.

Début juin 1979, la ville a souffert d'un incendie très destructeur laissant la moitié de la ville en cendres. Parmi les maisons détruites se trouvait celle de la petite matrone. Sa résidence a été reconstruite et l'une des premières nuits sous son toit a eu un rêve prophétique. Dans le rêve, la mère de Dieu a indiqué l'endroit où son icône a été enterrée et lui a ordonné de le dire aux archevêques et aux magistrats.

La fille a parlé de l'affaire à sa mère. Cependant, elle ne lui prêta pas attention. Avec la répétition du même rêve trois fois, il est devenu convaincu. Ils ont apporté la nouvelle à l'archevêque et aux fonctionnaires municipaux. C'était à leur tour de ne pas lui donner de crédit.

Suivant son instinct, la mère de Matrone a ramassé la pelle en commençant à creuser à l'endroit désigné par la vierge. Avec un bon effort, a trouvé miraculeusement l'icône de Notre-Dame. La parole s'est répandue dans toute la région avec les incroyants demandant pardon pour la reine des cieux.

L'icône a ensuite été transférée en procession à la cathédrale de l'Annonciation, de nombreux miracles se sont produits lors du pèlerinage des visiteurs de la ville. Par la suite, ils ont emmené l'icône à Moscou. De là, toute la Russie a été bénie par la main de la puissante Vierge.

Notre-Dame du Bon Succès

Equateur-1594

En 1563, Mère Mariana de Jesus Torres est née dans la province de Viscava, en Espagne. Fille douce et douce, dès qu'on l'a compris, les gens avaient un bon bagage intellectuel et religieux. Son application aux études lui a valu les éloges de ses parents et de ses professeurs. À l'âge de treize ans, il a été autorisé à quitter le pays avec sa tante pour aller vivre en Équateur.

La phase des apparitions a commencé là où sa médiumnité s'est développée. J'ai souvent vu des saints, des anges et des démons. Les plus importants d'entre eux se réfèrent à ceux de la sainte Mère de Dieu.

Lors de la première apparition, Mère Mariana était allongée sur le sol, se lamentant sur sa colonie. Il a donc plaidé pour l'aide des plus hauts. C'est alors qu'il entendit une voix l'appeler. En dirigeant la vision vers sa voix, elle a alors vu beaucoup de clarté et en elle a reconnu Notre-Dame portant Jésus sur son bras gauche. La femme a pris l'initiative.

« Je suis Marie du Bon Succès, Reine du Ciel et de la Terre. Vos prières, vos larmes et vos pénitences sont très agréables à notre Père céleste. Je veux que vous fortifiiez votre cœur et que la souffrance ne vous abat pas. Votre vie sera longue pour la gloire de Dieu et de sa Mère, qui vous parle. Mon Très Saint Fils vous présente la douleur sous toutes ses formes.

Pour vous insuffler la valeur dont vous avez besoin, prenez-la de mes bras dans les vôtres.

La sainte a livré l'enfant Jésus dans ses bras. Une expérience charmante a commencé là avec le serviteur nourrissant le désir intime de réconforter le Christ dans sa passion.

« Glorieux soit le Seigneur et bénie soit la vierge qui l'a conduit. Que puis-je faire pour vous ? Il a demandé au serviteur.

« Je ferai de vous le porte-parole des faits futurs. De cette façon, je serai encore plus heureux de l'œuvre de notre Dieu - Révélé notre mère.

"Je suis prêt ! « Mariana est devenue disponible.

"Je suis heureux ! Maintenant je dois y aller ! Je reviendrai en temps voulu », a déclaré la Vierge.

« Va en paix, ma mère ! « La femme de chambre a souhaité.

La bienheureuse vierge reprit ses enfants dans ses bras et enveloppée d'une lumière incandescente s'élevait vers les cieux en vue. C'est là que commence la série des apparitions mariales en Equateur.

Comparaît le 16/01/1599

C'était une nuit froide et orageuse lorsque Notre-Dame a parlé à Mère Mariana dans l'intimité de sa chambre. Il s'est montré de la même manière que l'autre venant dans une flamme intense de Lumière entourée d'anges.

« Je suis venu vous apporter des nouvelles de l'avenir comme je vous l'avais promis. Premièrement, cette patrie cessera d'être une colonie et deviendra une République libre, connue sous le nom d'Équateur. Ensuite, vous aurez besoin d'âmes héroïques pour survivre à tant de calamités publiques et privées.

« Est-ce que c'est bon ou mauvais, madame ? Il a demandé au serviteur.

« Il a ses avantages et ses inconvénients. En effet, être une patrie libre nécessite une grande maîtrise de ses dirigeants.

Heureusement, ce pays le fera. Au XIXe siècle apparaîtra un président véritablement chrétien, un homme de caractère, à qui Dieu notre Seigneur donnera la palme du martyre sur la place où se trouve mon couvent. Il consacrera la république au cœur divin de mon très saint fils et cette consécration soutiendra la religion catholique dans les années suivantes, ce qui brûlera le chœur de l'Église.

« Je comprends à quel point vous devez être heureux. Ne voulait-il pas la gloire pour toi aussi ? Demanda Mariana.

« Ma gloire viendra bientôt. Les dogmes de mon Immaculée Conception et de mon Assomption seront proclamés par l'Église. Avec cela, mon nom brillera de plus en plus bien que notre recherche soit de remercier d'abord le Nom du Seigneur, ma fille. Comme mon fils l'a dit, qui veut être génial, c'est le serveur de tout le monde. L'humilité est une grande vertu à cultiver par le peuple.

« Je comprends, ma mère. Je promets pour moi de suivre cette vertu avec les enseignements de notre Christ.

"D'accord ! J'ai une demande à faire : c'est la volonté de mon Très Saint Fils que vous fassiez exécuter vous-même une statue de moi, telle que vous me voyez et la placez sur la chaise du Prieur. Tu mettras dans ma main droite le chapelet et les clefs du cloître, en signe de ma propriété et de mon autorité. Tu mettras dans ma main gauche mon Divin Fils. Je dirigerai mon couvent - Assailli l'Immaculée.

« Je suis honoré par cette mission particulière. Cela se réalisera au temps de Dieu - observa la petite Mariana.

« J'ai pleinement confiance en cela », a déclaré notre mère.

« Béni soit le Seigneur de m'avoir accordé ce privilège de connaître toutes ces choses », a déclaré Mariana.

"Soit en paix ! Je reviendrai une autre fois et parlerai davantage - Conclu la Dame des esprits.

Cela dit, la sainte Mère de Dieu s'est retirée avec ses anges, laissant la pieuse songeuse. Qu'est-ce que Dieu a préparé d'autre pour le monde ?

Des années plus tard

Mère Mariana s'est concentrée sur l'œuvre du Seigneur dans les années suivantes. Cependant, la promesse faite devant Notre-Dame n'était pas encore tenue. Pour cette omission, elle a subi un martyre spirituel intense. La providence divine la destine à engager le sculpteur Francisco Del Castilho.

Pendant presque un an, il a lutté pour élaborer le travail considéré comme une grâce pour être catholique et présider une famille chrétienne. Le 9 janvier, il considérait le travail presque terminé. Il ne manquait qu'une dernière main de peinture. Il a donné l'image aux soins des religieuses du couvent.

Dans les premières heures de ce même jour, le surnaturel a agi. Entendant des voix et voyant des lumières dans le chœur, les religieuses se sont approchées et ont été émerveillées par ce qu'elles ont vu : une image artistiquement conçue prenant forme. En extase, Mère Mariana a été autorisée à savoir que les auteurs de l'achèvement de ce travail étaient Saint-François en plus des Archanges Gabriel, Michel et Raphaël.

L'autre jour, le sculpteur de l'œuvre a été impressionné par le résultat. Signant un document, il prétend être l'œuvre d'image d'un miracle et non de sa capacité. Avec cela, la nouvelle de la sculpture surnaturelle se répandit dans tout le pays.

Apparu le 02/02/1634

Après le dîner au couvent, les religieuses bavardaient dans la sacristie lorsqu'une légère panne de courant les contraignit à se retirer prématurément. Mère Mariana, dans le calme de sa chambre, reçut la visite inattendue de notre sainte Mère de la même manière qu'elle se présenta les autres fois.

« Je suis Notre-Dame. Ayez cette panne d'électricité comme symbole de l'Église au 20ᵉ siècle. L'Église de mon fils sera éclipsée à partir du 20ᵉ siècle. Il y aura une catastrophe spirituelle au couvent et en extension dans toute l'Église ; L'impureté envahira le monde, avec la prédominance de la banalisation de la sexualité ; l'innocence des enfants sera corrompue et le clergé entrera en crise et, finalement, le laxisme viendra avec le bien négligé. Dans ce contexte, les bonnes valeurs seront profondément sapées.

Les larmes coulent du visage de Notre-Dame devant le mal de l'humanité. Mariana pleure ensemble en essayant de trouver un réconfort face à ces prophéties.

« Puis-je en savoir plus à ce sujet, ma mère ? « Elle a demandé au serviteur béni.

« Il y aura une corruption presque totale des coutumes, et Satan régnera à travers les sectes maçonniques. Au sein de l'Église, les sacrements seront profanés, abusés et mis en contradiction. Je suis très attristé par le manque de foi des âmes de l'époque, le déclin des âmes religieuses et le manque de soin pour les questions spirituelles - a expliqué la mère de Jésus.

« Je ne comprends rien, ma mère. Que voulez-vous dire de la profanation des sacrements au sein même de l'Église ? « Il a demandé au voyant inquiet.

« Il y a une prédiction d'apostasie. Au sein de l'Église catholique, le mauvais comportement des prêtres de haut niveau compromettra l'esprit de la religion. Des temps difficiles viendront où précisément ceux qui devraient défendre les droits de l'Église deviendront aveugles. Sans peur servile ni respect humain, ils se joindront aux ennemis de l'Église pour les aider à accomplir leurs projets », a déclaré l'Éclairé.

« Je suis triste. Quel espoir avons-nous alors ? « Mariana a pleuré.

« L'espoir est en notre Dieu qui nous promet ce qui suit :« Mais quand ils paraîtront triomphants et quand l'autorité abusera de leur pouvoir, commettant des injustices et de l'oppression envers les faibles, leur chute sera proche. Paralysés, ils tomberont à terre - annonça la vierge.

« Gloire au Seigneur pour toujours et à jamais ! « J'ai dit que les bienheureux étaient satisfaits.

La Dame du Bon Succès eut un léger sourire de satisfaction. Puis il remit dans ses bras l'enfant Jésus pour le porter sur ses genoux pendant quelques instants. L'enfant Jésus lui a révélé en particulier ce qui suit :

« Le dogme de la foi de l'Immaculée Conception de Ma Mère sera proclamé lorsque l'Église sera le plus combattu et que mon Vicaire sera retenu captif. De même, le Dogme de la foi du Transit et de l'Assomption dans le corps et l'âme sera proclamé aux Cieux de ma Très Sainte Mère.

"Bien. Bénis ta mère ! « Il s'est réjoui dans le serviteur.

Quand Jésus a rendu sa mère, les deux ont disparu dans une colonne de fumée. Quelques instants plus tard, le médium s'est endormi parce qu'elle était trop fatiguée.

Dernière parution le 12/08/1634

Par une autre nuit noire, la bienheureuse Mariana reçoit la visite de la sainte vierge avec la même apparence que les autres fois. Dès son arrivée, il annonce :

« Mon culte sous l'invocation consolante du Bon Succès sera le support et la sauvegarde de la Foi dans la corruption presque totale du XXe siècle.

"Grand-mère. Que deviendrions-nous sans votre sainte protection ? En quels termes la corruption de l'époque pèse-t-elle le plus ? « Le médium a demandé.

« La décadence atteindra le clergé en entier tout au long du 20ᵉ siècle. Les prêtres doivent aimer John Mary Vianney de toute leur âme, un de mes serviteurs que la bonté divine le prépare à honorer ces siècles en tant que modèle exemplaire de prêtre désintéressé - a révélé Marie.

« Au moins, nous avons cela comme une consolation. Je suis terrifié par cette crise. Qui sera son agent causal ? « La sœur était concernée en Christ.

« Les hérésies et la secte. Cette institution se répandra pour influencer tous les secteurs de la société. Il viendra un moment où elle s'infiltrera partout », a déclaré Mary.

« Quelle en sera la conséquence sur les résultats liés à l'Église ? « Continué à deviner.

« Satan régnera presque à travers les passions extravagantes et la corruption des coutumes. Il concentrera ses efforts sur l'enfance pour maintenir son règne. Oh, les garçons de cette époque ! Ils recevront à peine le sacrement du baptême et la confirmation - dit-il en larmes immaculées.

Le saint serviteur a aussi pleuré. Comment une telle chose pourrait-elle être autorisée ? C'était vraiment dommage cet avenir de l'humanité. Le voyant dans le doute, Mary continua :

« La secte prendra le dessus sur toutes les classes sociales en infiltrant la vie particulière de chacune. Avec cela, l'enfance des enfants sera perdue. Les conséquences de ceci sont que nous aurons peu de gens concentrés sur la prêtrise.

« Cela influencera-t-il d'une manière ou d'une autre leur sexualité ? Je voulais connaître Mariana.

« Complètement, mon ange. L'atmosphère saturée de l'esprit d'impureté qui, à la manière d'une mer impure, parcourra les rues, les places et les voies publiques... Il n'y aura guère d'âmes vierges dans le monde. La fleur délicate de la virginité, timide et menacée de destruction complète, s'allumera de loin - Déplorait la mère du Christ.

« Le sacrement du mariage sera-t-il également affecté ? « Demanda la femme de chambre.

« Quant au sacrement du mariage, qui symbolise l'union du Christ avec l'Église, il sera attaqué et profané dans toute la mesure du mot. De mauvaises lois seront imposées pour éteindre ce sacrement, ce qui permettra à tous de vivre plus facilement mal, répandant la génération des enfants à naître sans la bénédiction de l'Église. L'esprit chrétien déclinera rapidement », a déclaré Mary.

À ce stade, le médium a été assez attristé par toutes les révélations explosives. Elle serait pétrifiée. Mary n'arrêtait pas de parler de l'avenir.

« Toujours sur les sacrements, deux d'entre eux seront également pleinement affectés. À cette époque, le sacrement de l'onction extrême, puisque l'esprit chrétien manquera dans cette pauvre patrie, sera peu considéré. Beaucoup de gens mourront sans le recevoir par négligence des familles. La même chose se produira avec la sainte cène. Là ! Combien je ressens en vous exprimant qu'il y aura beaucoup d'énormes sacrilèges publics et aussi cachés de la profanation de la Sainte Eucharistie. Mon Très Saint Fils sera jeté à terre et piétiné par des pieds impurs - a transmis la mère de nous tous.

« Revenons à la question du clergé. Pourquoi décevront-ils autant le Christ ? « Les bienheureux ont demandé.

« Cas de pédophilie, de viol et de corruption financière. À cause des péchés, sachez aussi que la Justice Divine inflige souvent de terribles châtiments à des nations entières, non pas tant pour les péchés du peuple que pour les péchés des prêtres et des religieux, car ces derniers sont appelés, par la perfection de leur état, à être le sel de la terre, les maîtres de la vérité et les paratonnerres de la colère divine, a dit la mère de l'humanité.

« Quel est donc notre espoir dans ce contexte ? Mariana était intéressée.

« Il y aura quelques âmes qui garderont le trésor de la foi et de la vertu. Ils subiront un martyre cruel et prolongé. Beaucoup d'entre eux descendront dans la tombe par la violence de la souffrance et seront comptés comme des martyrs qui se sont sacrifiés pour l'Église et pour la Patrie - Annonçaient les éclairés.

« Comment pouvons-nous nous débarrasser des hérésies et quelles vertus ces âmes devront-elles adorer pour maintenir la grâce du Seigneur ? Bénie était intéressé.

« Pour la libération de l'esclavage de ces hérésies, ceux à qui l'amour miséricordieux de mon Très Saint Fils se vouera à cette restauration auront besoin d'une grande volonté, constance, valeur et beaucoup de confiance en Dieu. Pour tester cette fois et cette confiance des justes, il y aura des moments où tout semblera perdu et paralysé. Ce sera alors l'heureux principe d'une restauration complète. « Mary a révélé.

« Bien, ma mère. À quoi ressemblera alors l'Église après tous ces faits ? « Il a demandé à notre sœur en Christ.

« Et l'Église, en tant que toute jeune fille, se lèvera joyeusement et triomphalement, et s'endormira doucement, emballée entre les mains du cœur maternel habile de mon fils choisi tant aimé de l'époque. Nous le rendrons grandiose sur Terre et bien plus grand au Ciel, où nous vous avons réservé un siège très précieux. Parce que sans crainte des hommes, il s'est battu pour la vérité et a défendu les droits de son Église, afin qu'ils puissent l'appeler un martyr - les bienheureux ont conclu.

"Ainsi soit-il ! « Mariana s'est réjouie.

« Voici, je dis adieu à mon fils sacré. Prends soin de mes moutons ! « Dit la Dame des esprits.

"Va en paix ! Puissiez-vous être récompensé en gloire pour tout ce que vous faites pour l'humanité - Le noble serviteur le désirait.

« Mon plaisir est d'aider tous mes enfants avec attention. Ayez un repos béni de la vie sur terre. Par la suite, je suis venu vous chercher moi-même - Prométhée le saint.

« J'espère que je n'échouerai pas dans ma mission », a demandé la petite fille de Dieu.

« Ayez confiance en mes soins, et vous ne manquerez de rien », dit Mary.

Enfin, il est monté au ciel en compagnie de son fils bien-aimé. C'était la dernière fois que le médium est apparu. Mère Mariana poursuivrait ses jours en se terminant glorieusement comme un exemple pour tous les chrétiens équatoriens.

Notre dame de bonne santé

Vailankanni -Inde-1600

Première impression

Il était environ six heures du matin lorsqu'un garçon hindou se dirigeait vers la maison du patron après avoir sorti un seau rempli de ses vaches laitières. À mi-chemin, il rencontra un réformateur portant son fils nouveau-né dans ses bras. Dans un costume doux et était, la femme a demandé :

"Puis-je avoir du lait ? Mon fils a faim.

"Bien sûr, Madame," acquiesça le garçon.

Remplissant le bidon de la femme, il se sentit étrangement réconforté par cet acte.

« Merci, mon fils !! Que Dieu te bénisse ! « Remercié la femme.

"Pour rien ! « Il a assuré le garçon de bon cœur.

Le garçon est parti et quand il s'est retourné, il ne peut plus voir sa femme et son fils. Étrange, pensez à vous-même.

Quand il est arrivé à destination, il a parlé de l'affaire à son patron. Lorsqu'ils sont allés vérifier le seau à lait, ils ont dit que rien ne manquait. Le patron a exigé qu'il l'emmène sur le lieu de comparution. Le garçon obéit et, en faisant la demande, ils virent tous les deux la femme marcher à nouveau dans ces parties. Avec ça, ils pouvaient croire le jeune homme. Par la suite, la nouvelle de l'apparition se répandit dans toute la région.

De nouveaux miracles

Plusieurs années passèrent et la Vierge apparut de nouveau à un autre garçon de la même manière auparavant.

« Puis-je avoir du lait pour mon fils ? Demanda Mary.

"Oui. Le voici - dit le garçon en remplissant la boîte avec la femme consacrée.

« Par votre bonne action, Dieu vous bénira. Je suis Notre-Dame, Reine des cieux, je veux que vous soyez guérie de son problème. Je désire aussi la construction d'une chapelle en l'honneur de mon nom en ce lieu - demanda Notre Mère.

« Je ferai ce que j'ai en mon pouvoir. » Le garçon était prêt à se sentir étrangement bien.

Avec un sourire sur son visage, il se leva aux yeux, disparaissant peu après dans des colonnes de nuages. Le garçon a raconté tout ce qu'il avait vu et entendu des autorités locales et avec leur aide, la chapelle a été construite comme la mère de Dieu l'avait demandé. Dès lors, ce lieu est devenu le centre des pèlerinages du pays.

Miracles après l'apparition

Premier miracle :

C'était au XVIIᵉ siècle quand, par malheur, un navire portugais coula près de la côte du golfe. Sans issue et connaissant l'histoire miraculeuse de la vierge, ils ont plaidé pour son salut auprès de la sainte. Leurs prières ont été entendues et ont réussi à survivre au naufrage.

Arrivés à terre, ils ont contribué à faire de la chapelle un sanctuaire imposant. Au fil des ans, il a été restauré et agrandi à la plus grande gloire de notre mère.

Deuxième miracle :

Cette région a été la cible d'un tsunami dévastateur. Miraculeusement, le sanctuaire est resté intact tandis que les bâtiments voisins ont été complètement dévastés. Cela prouve que les œuvres de Marie sont éternelles.

Notre-Dame de la Bonne Santé est la principale protectrice de l'Inde.

Notre-Dame de Siluva

(Lituanie-1608-1612)
Siluva-AD 1457

Pertas Gedgauskas était un noble dévot de Marie de cette région. En guise de remerciement personnel, il fit construire une église en bois en l'honneur de la mère de Dieu. Cette construction a duré quarante ans et a été détruite par un incendie. Par la foi du peuple lituanien, le temple a été reconstruit cette fois en maçonnerie. Dans ce lieu sacré, se détachait une image de Notre-Dame avec l'enfant Jésus réalisée à Rome. De nombreux miracles ont été rapportés sur cette image. Bientôt, le pèlerinage des catholiques fut intense de toutes les régions du pays.

Quelques années plus tard, au début du XVIe siècle, les adeptes de la réforme protestante s'installent dans la région et s'approprient des terres jusqu'alors appartenant à l'Église catholique. De nombreuses personnes se sont converties au nouveau culte. Avec la destruction de l'Église mariale en 1536, les fidèles restants de Marie ont perdu la foi pour la voir reconstruire.

Perdant peu à peu de l'e SPA CE, le dernier prêtre a dû quitter la région. En dernier acte, il a rassemblé dans un coffre les objets conservés dans le feu et les a enterrés près du site de ce qu'était l'Église. En ce moment, tout semblait perdu. La sainte était forte et puissante, ce qui l'a amenée à agir pour sa cause.

Siluva- AD 1608

Dans ces mêmes terres où se trouvait l'église de Marie, les jeunes ont fait paître leurs troupeaux lorsqu'ils ont vu une belle jeune femme assise sur une pierre avec un garçon sur ses genoux. Esthétiquement bien rangé, ce qui était dans la scène était le cri de cette belle femme. Statique, les enfants ne lui ont rien demandé. De retour à la maison, ils ont raconté à leurs parents ce qui s'était passé. Dès lors, la nouvelle se répandit dans toute la ville.

Une foule nombreuse a assisté à la salle pleine de curiosité. Parmi eux se trouvait un pasteur calviniste. Sévèrement, il a critiqué les autres pour avoir cru aux enfants. Au même moment, à nouveau, la femme est apparue comme décrit par les autres voyants. Le pasteur en a alors profité pour communiquer avec elle.

« Mesdames, pourquoi pleurez-vous ? "Il a demandé.

« Je pleure parce que dans ce lieu où mon fils a été glorifié, il est maintenant planté et se révolte », a expliqué la Vierge Mère.

Cela dit, c'est parti. Lorsqu'il a appris l'apparition, l'évêque de la région a entrepris un travail qui grâce à un ancien résident les doutes ont été clarifiés. Ils ont récupéré le coffre enterré où se trouvait le document de donation des terres de l'église. En possession du document, l'évêque entra dans la justice en réclamant définitivement le terrain en 1622. De ce fait, les protestants furent expulsés du terrain étant possible la reconstruction de l'église de Marie. Ce fut la première apparition des éclairés en Europe récupérant l'honneur de son nom. Notre-Dame de Siluva est la protectrice spéciale de la Lituanie.

Ágreda-Espagne

1655-1660

Situé dans la province de Soria, Ágreda est un village bucolique et majestueux. C'est là que naquit l'honorable Marie de Jésus le 2 avril 1602. Fille de Lady Catherine d'Arana et de M. Francisco Coronel, sa famille était considérée comme noble et religieuse. Dès son plus jeune âge, il est entré en contact avec les diktats chrétiens et a volontairement décidé d'abominer le péché en suivant à tout prix le Christ. À part cela, il avait une prédilection pour Notre-Dame.

Pendant son enfance et une grande partie de sa jeunesse, il a apprécié la tranquillité d'esprit grâce à ses œuvres, ses pensées et son dévouement aux forces du bien. Cependant, rien n'est parfait. Il a fait face, au cours de son parcours religieux, à diverses épreuves et à tant de difficultés qu'il se sentait parfois confus quant à sa foi en Dieu.

Les conséquences de cette souffrance ont été l'isolement personnel et l'indifférence envers les autres. Dans ces moments-là, le souffle du sens agit de l'exemple de la passion de son maître. Comme personne, il savait comment surmonter les difficultés et au milieu de tout ce contexte était la seule bouée de sauvetage. En Christ, il se sentait fort et puissant.

En ce sens, le rôle de ses directeurs spirituels et de sa famille est devenu essentiel dans sa formation chrétienne. Avec la bonne direction donnée par eux, il a fait de plus en plus de progrès spirituels et par conséquent s'est approché de Dieu. À ce stade, nous nous demandons, qu'est-ce qui différenciait le serviteur de tant de fidèles chrétiens?

Marie de Jésus était un exemple pour tous ceux qui la connaissaient. Depuis son plus jeune âge, tout ce qu'elle a reçu financièrement de ses parents, elle l'a utilisé dans la charité avec les pauvres. De plus, il participait périodiquement à des retraites, lisait de nombreux livres religieux et faisait preuve d'un profond dévouement aux questions religieuses expliquées par des prières, des conseils aux autres et la réservation des plaisirs de la chair. Quoi qu'il en soit, c'était un modèle à admirer et à suivre par d'autres qui aspiraient au royaume éternel. Cela n'a pas pris longtemps et sa renommée s'est répandue dans toute la région.

Grâce à leurs parents, ils ont fondé un couvent dans leur propre maison. Par l'intermédiaire du seigneur, toute la famille s'est consacrée au christianisme, ce qui arrive rarement de nos jours. Parmi ceux-ci, Marie de Jésus s'était vu confier une mission spéciale auprès de toute la communauté et de Dieu.

Avec le don de bilocation, il pourrait être à deux endroits en même temps. Cela a facilité sa prédication aux païens sur des continents lointains. Une autre vertu reçue était l'écriture. Grâce à lui, elle peut écrire ses expériences spirituelles qui ont apporté la lumière de la compréhension à de nombreuses âmes. À propos de ces manifestations, il était couvert d'une gloire intense et de secrets cachés révélés à sa personne. Contrairement à cela, il a souffert intensément dans la chair à cause d'une mauvaise santé. Une chose semblait intrinsèquement liée à une autre pour la plus grande gloire du seigneur et l'élévation de son âme bénie.

Puis vient la curiosité : comment les habitudes de cet honorable serviteur étaient-elles pour plaire autant à Dieu ? En plus des innombrables pénitences accomplies, il jeûnait souvent, affligeait le corps d'objets mortifiants et dévouait constamment la Vierge. Elle méritait donc d'être considérée comme une sainte.

Revenant à son don d'écrire, son œuvre la plus importante s'intitule « La cité mystique de Dieu » où il décrit l'histoire de la mère de Jésus. Dans ce travail, elle a été aidée par les anges et l'Éclairé elle-même. Grâce au Rédempteur, elle a été élue Mère Supérieure de son couvent où elle a réalisé un travail missionnaire spectaculaire. Seule sa présence raviva les fidèles dévots et sa douce expression captivée. Elle était comme une mère pour tout le monde. À ce poste, il est resté trente-cinq ans.

L'Espagne étant en guerre, vers 1653, la femme de main de Dieu reçut la visite de Philippe IV. Cette rencontre était si excitante que les deux sont restés en contact par lettres pendant vingt-deux ans. Puis sa mort est venue en pleine communion avec Dieu. Marie de Jésus est un exemple de sainteté pour toute l'Espagne.

Les apparitions de Notre-Dame du Laus

Saint-Étienne-France- (1664-1718)

Laus Valley est un petit village du sud de la France. À l'époque, il se composait d'une vingtaine de familles dont la plus grande foi était centrée sur les figures de Jésus-Christ et de Marie. Le plus grand symbole de cette fois était la chapelle Notre-Dame de la Bonne Rencontre en l'honneur de la Vierge Immaculée.

Née au village en septembre 1647, Mlle Benoite dut s'habituer tôt à une vie pleine de privations fils d'une famille appartenant à une classe sociale d'extrême pauvreté. La situation de la famille s'est encore aggravée en raison du décès du père alors que la fille n'avait que sept ans.

Avec cela, les enfants ont été contraints de commencer à travailler dès leur plus jeune âge. Par ailleurs, les filles aidaient leur mère dans les tâches ménagères et religieuses. Dans ce dernier point, les parents de la fille ont été exemplaires dans l'instruction des commandements et des lois de Dieu au-delà du passage des prières elles-mêmes.

Au moment où leurs enfants ont été licenciés, la famille a sombré dans une misère profonde pendant trois mois. Grâce à la demande de prière insistante de Benoite, Notre-Dame a envoyé des émissaires chez elle. Ils ont proposé du travail aux membres de la famille sur deux fermes. Remerciant le ciel, ils ont accepté la proposition et puis chacun d'eux a commencé à travailler dur. Le travail serait de paître des moutons.

Dans l'un de ses jours de travail, alors qu'il paie des moutons priant le chapelet, la vision d'un homme élégamment vêtu semble être un évêque appartenant à l'Église primitive. Il s'approcha de la fille en tirant la conversation :

« Ma fille, qu'est-ce que tu fais ici ?

« Je prends soin de mes brebis, je prie Dieu et je cherche de l'eau à boire », répondit la fille.

« Je vais puiser de l'eau pour vous », l'homme était prêt à se rendre dans un puits qui y était simplement apparu.

Apportant de l'eau, tuée elle et les graines des animaux. Par la suite, le contact a repris.

"Vous êtes si beau. Êtes-vous un ange ou Jésus ? « Je voulais connaître la jeune femme.

« Je suis Maurice à qui la chapelle voisine est dédiée. Ma fille, ne reviens pas dans cet endroit. Cela fait partie d'un territoire différent et les gardes prendraient leur troupeau s'ils le trouvaient ici. Rendez-vous dans la vallée au-dessus à Saint-Étienne. Là, vous verrez la mère de Dieu - Informée.

« Mais votre excellence. Elle est au paradis. Comment puis-je le voir là où vous le dites ? « Il a demandé au serviteur.

"Oui. Elle est au paradis, sur terre, et aussi là où elle la veut - argumenta Maurice.

"C'est d'accord. Je vais suivre vos conseils, mais pas maintenant. Je me reposerai un peu avec mon troupeau avant de partir, dit Benoite.

"Sage décision. Je dois partir maintenant. Que Dieu te bénisse ! « Annoncé les personnes âgées.

"Va en paix ! « La fille souhaitait.

L'étranger a fait quelques pas sur le sentier disparaissant peu après. Sur ce, la nuit tomba obligeant la bergère à s'installer dans les bois. Toute la nuit, j'ai pensé à la vision et à tout ce qu'elle représentait. Si je parlais de ces événements à quelqu'un, je serais considéré comme un fou. Non, c'était tout à fait normal. Parce qu'elle était trop fatiguée, elle s'est rapidement endormie et a été poursuivie par des rêves prophétiques. Son esprit était juste un gâchis et ainsi il est apparu.

Très tôt, il est tombé sur la route menant le troupeau à la vallée désignée par le prêtre. Pas même le relief cahoteux, les animaux féroces, les épines et le mauvais temps ne l'intimidaient. En arrivant près d'une grotte, il eut la vision d'une belle Dame portant un enfant dans ses mains. Sans même se méfier malgré l'avertissement qu'elle avait reçu, la jeune fille s'est adressée à cette femme.

« Belle Dame, que faites-vous ici ? » Êtes-vous ici pour acheter une distribution ? Auriez-vous la gentillesse de nous laisser prendre cet enfant ? Ce garçon nous ravirait tous.

L'étrange Dame était toujours là, mais ne répondit pas à la question de la jeune fille qui provoqua une plus grande admiration de la part de Benoite. Les travaux de pâturage se sont poursuivis tout au long de la matinée. À l'heure du déjeuner, la fille a de nouveau parlé à la femme.

« Voudriez-vous manger avec moi ? J'ai ici de délicieux petits pains.

Un sourire se dessina sur le visage de la belle dame, mais elle resta silencieuse face au mystère entourant sa silhouette.

Aller et venir de la grotte, à l'automne de l'après-midi a fini par ne pas paraître laissant la main de Dieu encore plus réfléchie avec cette vision.

Un moment plus tard

L'autre jour et les semaines suivantes, la jeune fille est restée dans son travail pastoral. En même temps, il eut des visions de l'étrange dame, de son fils et des anges. Cependant, la dame est restée silencieuse, mettant à l'épreuve la patience et la curiosité de la fille.

Exactement deux mois après la première apparition, elle a finalement communiqué :

« Benoite, je suis ici parce que nous avons besoin de vous », a révélé la dame.

« Qui a besoin de moi et de quoi s'agit-il exactement ? « Dit Benoite.

« Les forces du bien. Votre mission sur terre est exceptionnelle. Elle sera chargée de travailler à la conversion des pauvres pécheurs par la prière, les sacrifices, les pénitences, en les exhortant à suivre le chemin du bien, a dit la Mère de Dieu. »

« Suis-je vraiment capable de ça ? Je ne suis qu'une fille bigote et agaçante - Elle a analysé l'enfant.

"C'est vrai. Il y a une grande âme à l'intérieur de cette enveloppe matérielle. Au mérite, Dieu notre Seigneur l'a choisie comme espoir de ce village et en extension de toute la France. Ne refusez pas cette grâce spéciale, dirigée l'Immaculée.

« Qui suis-je pour refuser ? Fais-m't'en selon ta parole.

"Dieu merci ! Je suis content pour toi. Pour l'instant, je vous demande de guider les gens pour de bon. Trente commandements essentiels pour un bon chrétien sont en bref. Faites attention à chacun d'eux, demanda la Vierge.

"Que sont-ils ? « Demanda la fille.

1. Aimer Dieu sur toutes choses, pour lui-même et pour les autres.
2. N'ayant pas d'idoles terrestres ou célestes, Yahvé est le seul digne d'adoration.
3. Ne prononcez pas le saint nom de Dieu en vain et ne le tentez pas; Nous ne tourmentons pas non plus ceux qui les ont déjà invoqués.
4. Réservez au moins un jour de la semaine pour vous reposer, de préférence le samedi.
5. Honorez le père, la mère et la famille.
6. Ne tuez pas, ne blessez pas les autres physiquement ou verbalement.
7. Ne trafiquez pas, ne pratiquez pas la pédophilie, la zoophilie, l'inceste et autres perversions sexuelles.
8. Ne voulez pas, ne trichez pas dans le jeu ou dans la vie.
9. Ne donnez pas de faux témoignages, calomnies, diffamations, ne mentez pas.
10. Ne convoitez ou n'enviez pas les biens d'autrui. Travaillez pour atteindre vos propres objectifs.
11. Soyez simple et humble.
12. Pratiquez l'honneur, la dignité et la loyauté.
13. Dans les relations familiales, sociales et professionnelles, soyez toujours responsable, efficace, assidu.
14. Évitez les sports violents et la dépendance au jeu.
15. Ne consommez aucun type de médicament.
16. Ne tirez pas parti de votre position pour déverser votre frustration les uns sur les autres. Respectez le subordonné et le supérieur dans leurs relations.
17. N'ayez aucun préjugé contre qui que ce soit, acceptez le différent et soyez plus tolérant.
18. Ne jugez pas et ne sera pas jugé.

19. Ne soyez pas calomnieux et donnez plus de valeur à une amitié, car si vous agissez comme cela, les gens s'éloigneront de vous.
20. Ne désirez pas le mal des autres ou ne voulez pas que la justice soit entre vos mains. Il y a les organes appropriés pour cela.
21. Ne cherchez pas le diable pour consulter l'avenir ou travailler contre les autres. N'oubliez pas que pour tout, il y a un prix.
22. Sachez pardonner parce que ceux qui ne pardonnent pas aux autres ne méritent pas le pardon de Dieu.
23. Pratiquez la charité parce qu'elle rachète les péchés.
24. Aide ou réconforte les malades et le désespoir.
25. Priez quotidiennement pour vous, votre famille et les autres.
26. Demeurez avec foi et espérance en Yahvé quelle que soit la situation.
27. Répartissez votre temps entre le travail, les loisirs et la famille proportionnellement.
28. Travaillez pour être digne de succès et de bonheur.
29. Ne voulez pas être un Dieu en repoussant vos limites.
30. Pratiquez toujours la justice et la miséricorde.

« Si vous et les autres les suivez avec engagement, je promets le salut et le bonheur encore sur terre - Béni à coup sûr.

« Je promets votre observation et leur prédication. Vous avez une bonne coopération en moi. Quel est ton nom encore ? « Il a demandé à Benoite.

« Vous pouvez m'appeler bienheureuse. Soyez en paix parce que maintenant j'ai des engagements à prendre », a expliqué la femme.

"Va en paix ! « Je souhaitais la fille.

Aux yeux de l'enfant, la belle femme se dirigea vers la grotte avec le garçon sur ses genoux. Il a disparu tout de suite. Il faisait déjà nuit et la bienheureuse servante en a profité pour se reposer avec son troupeau.

La prière de Loreto

L'autre jour, la vierge s'approcha à nouveau du voyant avec un visage calme, doux et resplendissant. En approchant de l'appareil portatif, elle la salua avec les paroles suivantes :

«Salut, ô dévoué du Seigneur. Avez-vous rempli votre tâche?

« Oui, ma mère. Pendant mon temps, j'ai rempli mes obligations. C'est trop lourd pour moi. Parfois, je me sens fatigué d'assumer tant de responsabilités à un jeune âge - se plaignit Benoite.

"Te sens-tu fatigué? Je suis ici avec les câlins divins pour vous servir. Viens te reposer dans ma robe - La Vierge a offert.

« Merci, ma mère », a remercié la femme de chambre.

Avec son innocence d'enfant, elle s'est rapprochée des heures allongées sur le manteau de la bienheureuse jouant avec le bébé Jésus. Cette expérience va au-delà de la compréhension humaine. En ce moment, Benoite sentit un morceau de paradis encore vivant.

Après une courte sieste, il se réveilla à côté de l'étrange dame. Puis la conversation s'est poursuivie.

« Je vais vous apprendre un peu de prière. Je suis content que vous la priez tous les jours.

"Je suis prêt! L'enfant était disponible.

« Elle s'appelle La prière de la petite Loreto. Vous devez prier comme ceci: Seigneur, ayez pitié de nous.

Jésus-Christ, ayez pitié de nous.

Seigneur, ayez pitié de nous.

Jésus-Christ, je nous ai entendus.
Jésus-Christ, prends soin de nous.
Père céleste qui est Dieu - Ayez pitié de nous
Fils, rédempteur du monde, qui tu es Dieu - Aie pitié de nous
Saint-Esprit, qui est Dieu - Ayez pitié de nous
Sainte Trinité, que vous êtes un seul Dieu - ayez pitié de nous
Saint Mary - Priez pour nous
Sainte Mère de Dieu,
Sainte Vierge des vierges
Mère de Jésus-Christ,
Mère de la grâce divine,
Mère pure,
Mère très chaste,
Mère immaculée
Mère intacte,
Bonne mère,
Admirable mère,
Mère de bons conseils,
Mère du Créateur,
Mère du Sauveur,
La mère de Carmelo et
Vierge très sage
Vénérable Vierge,
Vierge louable,
Vierge puissante,
Vierge bénigne,
Vierge fidèle,
Fleur vierge du Carmel,
Miroir de justice,
Soyez sûr de la sagesse,
Cause de notre joie,

Vase spirituel,
Vase d'honneur,
Vase d'insigne de dévotion,
Rose mystique,
Tour David,
Tour d'ivoire,
Maison dorée,
Arche de l'alliance,
Porte du ciel,
L'étoile du matin,
Santé des malades,
Refuge des pécheurs,
Consolateur des affligés,
Aide des chrétiens,
Patronne des carmélites,
Reine des anges,
Reine des patriarches,
Reine des prophètes,
Reine des apôtres,
Reine des martyrs,
Reine des confesseurs,
Reine des vierges,
Reine de tous les saints,
Reine conçue sans péché originel,
Reine apaise au ciel,
Reine du Saint Rosaire,
Reine de la paix,
Espoir de toutes les carmélites,
V. Agneau de Dieu, qui enlève les péchés du monde
R. Pardonne-nous, Seigneur.
V. Agneau de Dieu, qui enlève les péchés du monde
R. Je nous ai entendus, monsieur.
V. Agneau de Dieu, qui enlève les péchés du monde.

R. Ayez pitié de nous.

V. Priez pour nous, Sainte Mère de Dieu

R. Afin que nous soyons dignes des promesses du Christ.

Priez : Seigneur Dieu, nous vous implorons d'accorder à vos serviteurs la santé perpétuelle de l'âme et du corps ; et que par l'intercession glorieuse de la bienheureuse Vierge Marie à jamais, nous puissions être libérés de cette douleur et jouir de la joie éternelle. Pour l'amour du Christ, Notre Seigneur. Amen.

« Je l'ai dévoré. Quel beau petit garçon ! « La fille était admirée.

"Magnifique en effet ! J'aimerais que vous lui appreniez les autres enfants du village. Je veux que vous le répétiez tous les jours avec d'autres chants d'adoration des plus hauts. Nous avons besoin de fidèles engagés pour notre cause. Est-ce que je peux compter sur toi ? « Demanda la belle femme.

"Oui. Toujours, Madame, a confirmé Benoite.

« Je suis content que tu l'aies fait ! Soyez simplement en paix ! « Dit la dame.

« Qu'il en soit ainsi », dit le paysan.

L'étrange dame s'éloigna en disparaissant comme les autres fois. Le mystère environnant est resté même après une si longue coexistence. Cependant, instinctivement, la confiance placée par le pasteur était le fruit irréprochable de sa foi en Dieu. C'est pourquoi il est dit que nous devons devenir des enfants pour sécuriser les cieux.

Une conversion importante

Il y avait beaucoup d'incrédulité à propos du témoignage de la jeune femme sur les apparitions mariales. L'une de ces personnes était la maîtresse de la fille, une femme bâclée sans intérêt pour la religion.

Un jour, dans l'intention d'enquêter sur les faits, elle prévoyait que la femme de chambre se rendrait sur le terrain caché derrière un rocher. Quelques instants plus tard, la jeune femme est arrivée avec l'apparition immédiate de la mère vierge.

« Bonjour, madame. Comment vas-tu ? »

"Pas très bien. Le péché de certaines manières sur moi trop. Un exemple est votre dame qui est cachée derrière la pierre. Dites-lui de ne plus blasphémer le nom de Jésus parce que si elle continue d'agir ainsi : sa conscience est dans un état terrible ; elle doit faire pénitence - dit la mère de Dieu.

Avant ces paroles, le pécheur pleura et apparut devant eux. Avec une attitude ferme, il a promis :

« Je promets de me rétracter et d'avoir plus de foi, madame. Je suis désolée pour tout », a déclaré Mme Rolland.

"C'est à vous. Quant à vous, Benoite, continuez votre travail apostolique. Mon cœur immaculé vous protégera et vous bénira toujours. Paix et bien ! « Vous avez souhaité.

"Merci ! « Remercié la fille.

L'apparition est montée au ciel selon les deux. Avec cela, le duo est rentré chez lui totalement transformé. Ce costume était plus un miracle de cette femme bénie.

Je suis Notre Dame

De plus en plus, la nouvelle des apparitions gagnait en importance en France. La jeune fille a été appelée à la barre devant le magistrat de sa paroisse et après un bref entretien, il a été conclu à la véracité de ses informations. À ce moment-là, les autres ne savaient pas exactement de quoi il s'agissait et il a donc été suggéré que je lui pose des questions à ce sujet.

Au même endroit, la belle dame s'est présentée.

« Bonjour, je viens vous remercier pour votre travail avec les enfants et les autres pour les commandements du Seigneur. Beaucoup de fruits doivent être récoltés, fit remarquer Madame.

« J'apprécie votre confiance. En son nom, je vous demande : êtes-vous la mère de notre bon Dieu ? J'apprécierais beaucoup que vous me disiez que c'est le cas, et nous allons construire une chapelle ici pour l'honorer - a-t-on dit Benoite.

« Il n'est pas nécessaire de construire quoi que ce soit ici, car j'ai déjà choisi un endroit plus agréable. Je suis Marie, la mère de Jésus. Vous ne me verrez pas ici pendant un moment », a conclu Mary.

Cela dit, il a disparu comme de la fumée. Un mélange de tristesse et d'émotion parcourut les veines de notre cher serviteur. Que se passerait-il maintenant ? Je ne pourrais pas penser à ta vie sans la présence de la chère maman.

Un mois plus tard

Les retrouvailles tant attendues ont eu lieu du côté de Ribeira, sur le chemin qui mène au Laus. Traversant le ruisseau qui les paradait, la douce fille se jeta aux pieds de la Vierge.

« Oh, bonne mère. Pourquoi m'as-tu privé de la joie de te voir si longtemps ?

« Désormais, tu ne me verras qu'à la chapelle du Laus », dit notre sainte Mère.

« Je ne le connais pas. Comment savoir comment la localiser ? « Il a demandé à l'enfant.

« Vous monterez le chemin vers la colline. Vous reconnaîtrez l'endroit lorsque vous sentirez un doux parfum », a expliqué Mary.

"C'est d'accord. Je promets que j'irai demain. Maintenant, je ne peux pas parce que je dois faire paître mes brebis, a soutenu Benoite.

« Je sais, mon enfant. Il n'y a aucun problème. J'attendrai - Il s'est éclairé.

Agitant ses mains en signe d'adieu, notre mère a disparu parmi les nuages. Pleine de joie, la médium est allée s'occuper de son travail. Cependant, sa pensée n'est pas sortie du message reçu. Que c'était bon d'être le serviteur de Marie !

L'autre jour, très tôt, elle a commencé à marcher sur le sentier. Trouvant de la force dans sa foi, chaque pas qu'il a fait était un prix dans sa recherche de la chapelle sacrée où il rencontrerait son ami bien-aimé. En ce moment, le sentiment qu'il portait sur sa poitrine était un sentiment de paix, de bonheur et de mission accomplie. Mary avait donné à sa vie une dimension complètement riche et nouvelle.

Arrivé au Laus, il se mit à faire des allers-retours à la recherche d'un signal. Enfin, le miracle s'est produit avant une certaine construction : un bâtiment modeste de deux mètres carrés. La porte étant entrouverte, elle réussit à entrer. Il tomba sur un environnement simple doté d'un autel en plâtre où se trouvaient deux bougeoirs en bois. Sur l'autel, il y avait la chère mère portant un sourire inexplicable.

« Ma fille, tu m'as cherché avec diligence, mais tu ne devrais pas pleurer. Pourtant, tu m'as fait plaisir de ne pas être impatient, observa Mary.

« Merci pour le compliment, madame. Écoute, tu veux que je mette mon tablier sous tes pieds ? Il y a trop de poussière !
« Dit la fille.

« Non, mon enfant. Bientôt, rien ne manquera à cet endroit - ni vêtements, ni autel de linge de maison, ni bougies. Je souhaite qu'une grande église soit construite sur ce site, ainsi qu'un bâtiment pour abriter des prêtres résidents. L'église sera construite en l'honneur de mon cher fils et moi. Ici, de nombreux pécheurs seront convertis. J'apparaîtrai plusieurs fois dans cet endroit - La mère de Dieu a annoncé.

« Construire une église ? Il n'y a pas d'argent pour ça ici - L'enfant innocent retrouvé.

« Ne vous en faites pas. Au moment de la construction, vous trouverez tout ce dont vous avez besoin, et ce ne sera pas long. Les pauvres fourniront tout. Rien ne manquera - Madame prophétisée.

« Je crois fermement en vous. dois-je continuer alors ? « Il a demandé à l'humble fille.

« J'ai deux demandes à vous demander : Premièrement, soyez continuellement au-dessus des pécheurs. Deuxièmement, arrêtez de garder les troupeaux. Je veux votre plein dévouement à la mission visant à convertir les pécheurs - a dit la Vierge.

« Que puis-je dire ? Je suis prêt pour ça. Soyez fait en moi selon vos paroles - Benoite a confirmé.

« Je suis extrêmement heureux. Je serai toujours dans cette chapelle. Continuez à répandre ma dévotion parmi les gens - a demandé la mère de Jésus.

« Je le ferai avec tout l'amour. Merci, ma mère », dit l'enfant.

« Pour rien, ma fille... L'apparition correspondait.

Enfin, disant au revoir, Mary était absente. Au cours des années suivantes, la nouvelle des apparitions se répandit à travers le pays, amenant ses nombreux touristes religieux au Laus. Les miracles et les bénédictions se produisaient, augmentant la crédibilité des faits.

Ebrun était le diocèse dont le Laus faisait partie. Face à ces événements, le vicaire de la ville écrivit à l'évêque diocésain pour lui expliquer les faits et demanda une enquête ecclésiastique pour bien les vérifier.

D'une manière ou d'une autre, il n'a pas accueilli favorablement la demande, car il n'était personnellement pas convaincu de sa véracité. Cependant, par son obligation, il s'est rendu au Laus avec d'autres émissaires pour interroger le célèbre voyant.

Le jour et l'heure combinées, ils ont rencontré le prétendant. Dans un extrait de la conversation, nous pouvons voir cette mesure.

« Ne pensez pas que je suis venu ici pour autoriser vos rêves et vos illusions, et toutes les choses étranges qu'ils disent sur vous et cet endroit. C'est ma conviction et nous tous qui avons le bon sens que vos rêves sont faux. Alors, je vais fermer cette chapelle et interdire la dévotion. Quant à vous, tout ce que vous avez à faire est de rentrer chez vous », dit sévèrement l'évêque.

« Votre Éminence, bien que vous ayez le pouvoir de faire venir Dieu à l'autel chaque matin pour la puissance divine qu'il a reçue quand il est devenu prêtre, il ne vous est pas ordonné de donner à votre sainte Mère, et ce que vous aimez lui faire ici », Dit-elle catégoriquement.

« Eh bien, si ce que les gens disent est vrai, alors priez-la de me montrer la vérité à travers un signe ou un miracle, et alors je ferai tout ce que je peux pour accomplir sa volonté. Encore une fois, veillez à ce que toutes ces choses ne soient pas des illusions et des effets de votre imagination pour tromper les gens. Je ne permettrai pas les abus et je me battrai avec tous les moyens à portée de main - L'évêque a condamné.

"C'est d'accord. Je vais prier - a confirmé le voyant.

« Vous êtes viré pour l'instant », a-t-il conclu.

"Merci beaucoup ! « Remercié la fille.

Après la fille, le curé de la paroisse locale et des témoins ont également été interrogés. Étant seuls, l'évêque et ses conseillers prévoyaient de partir le même jour. Alors qu'une pluie orageuse l'a obligé à rester encore deux jours.

Le dernier jour de la neuvaine, il peut enfin voir le miracle qu'il avait exigé. Une femme nommée Catherine Vial connue dans la région pour son handicap physique avait été instantanément guérie de la dévotion à Notre-Dame du Laus.

Avec cela, le processus ecclésiastique s'est achevé avec succès. À la demande de Marie, une belle église a été construite sur le site pour remplacer la chapelle. C'était un travail merveilleux de notre mère. Par le Laus, toute la France serait protégée et protégée. Bénie soit la mère de Jésus!

Finir

www.ingramcontent.com/pod-product-compliance
Lightning Source LLC
LaVergne TN
LVHW020439080526
838202LV00055B/5274